TROISIÈME LETTRE

AUX BONS HABITANTS DE FONTAINEBLEAU

SUR DES QUESTIONS

D'ADMINISTRATION MUNICIPALE,

Par M. BOYARD,

PROPRIÉTAIRE EN CETTE VILLE.

———————

Juin 1851.

—

Melun. — Imprimerie A. C. Michelin.

1851

PETIT AVIS QUI N'EST POINT A NÉGLIGER.

—

Ce que je vous adresse aujourd'hui, cher lecteur, était sous presse quand, par suite de cette prudence administrative, de cette fixité d'idées, qui font le principal mérite de M. le maire de Fontainebleau, j'appris hier que, malgré l'unanimité de son conseil municipal, malgré l'unanimité du conseil de salubrité publique, malgré l'approbation d'une enquête, malgré les garanties données par un architecte hors ligne, malgré l'acquisition d'un terrain sur la route de Melun, la construction de l'abattoir est suspendue; que, SI L'ON Y PERSISTE, elle sera effectuée sur la route de Valvins, et que conséquemment *les fameux puits d'absorption seront supprimés.*

Je ne prétends pas m'attribuer le mérite de ce revirement inattendu, mais j'en tire la conséquence que j'avais bien apprécié les choses et que la raison finit toujours par avoir raison, même quand elle a contre elle l'obstination d'un maire, L'UNANIMITÉ d'un conseil municipal et L'UNANIMITÉ d'un conseil de salubrité.

Je constate seulement le fait; et j'ajoute que ce pas en arrière de gens si fermement convaincus de l'infaillibilité de leur jugement, est de bon augure pour l'avenir de la question qui préoccupe tous les nez de notre ville.

Déjà le bruit se répand que M. le maire, effrayé d'une opposition sur laquelle il était loin de compter, est disposé à solliciter un autre lieu que le Polygone; j'en serais vraiment charmé, car cela me permettrait de ne plus entretenir le public de cette affaire, si imprudemment entamée et si déplorablement dirigée (1).   B.

---

(1) Le résumé de l'enquête et l'examen de l'avis du conseil de salubrité sont sous presse.

—

TROISIÈME LETTRE

AUX BONS HABITANTS DE FONTAINEBLEAU.

MES CHERS CONCITOYENS,

Par suite de mon admiration pour les faits administratifs qui se déroulent sous nos yeux, je vous ai entretenus de ce qu'on essaie de vous faire considérer comme des bienfaits. Nous avons passé en revue le pavage et les filles publiques, le parfum municipal et la fête prétendue patronale, les subventions octroyées et supprimées, les ruisseaux et le chemin de Milly, les Plâtreries, les Vacheries, et autres agréments de la cité. Nous allons nous occuper aujourd'hui de la création de l'abattoir et de votre droit d'examen sur une question qui doit être résolue au moyen d'une petite somme de 150,000 fr., qui doit être tirée de nos bourses, si nous n'en tenons fermement les cordons.

LA VILLE DE FONTAINEBLEAU DOIT-ELLE AVOIR UN ABATTOIR ?

Ne croyez pas, mes chers concitoyens, que je veuille traiter à fond cette grande question, qui donnera inévitablement lieu à la gravure d'une belle médaille, représentant la noble effigie de notre illustre maire, à un discours infiniment éloquent de la

composition de M. tel ou tel, prononcé lors de la pose de la première pierre ; et, ce qui est plus beau encore, à un nouvel ar-
ticle des éphémérides de Fontainebleau, où le grand nom de Guérin figurera à côté des noms pâlissant de François Ier, d'Henri IV,
de Louis XIV ou de Napoléon Ier. C'est là, croyez-le bien, c'est
là le point capital de l'opération.

Je ne veux vous présenter aujourd'hui que quelques observations à la portée de tout le monde.

Le cahier des charges est préparé ; le devis est fait ; il ne
manque plus au dossier que l'autorisation ministérielle, qui, dit
M. le maire, *ne se fera pas attendre.* — Jusque-là tout est en
bonne voie, sauf qu'on s'était flatté que la dépense ne s'élèverait
pas au-delà de 100,000 fr., ce qui serait déjà trop pour l'utilité
de la chose, dans un pays où il n'y a ni eau, ni égout, ni récep-
tacle des produits odorants d'un abattoir ; — sauf aussi qu'après
avoir porté cette dépense au maximum à 100,000 fr., il a fallu
aller à 120,000 fr. *pour commencer* (je ne sais ce qu'il en coûtera
pour finir) ; — sauf encore qu'arrivé à 120,000 fr., on s'est aperçu
qu'on avait oublié ceci, puis cela, ce qui a conduit à un aperçu
de 129,500 fr. ; — sauf enfin qu'en arrêtant ce chiffre passable-
ment arrondi pour MM. les maçons, plâtriers, charpentiers, ser-
ruriers et menuisiers du conseil municipal, qui se connaissent
au moins en bâtiment, on avait oublié encore quelque chose.....
Quoi donc ? — Presque rien. — Mais encore ? — Rien, vous dis-je ;
moins que rien.... — Devinez-vous ? — Non, sur l'honneur. —
Eh bien, je vais vous le dire : On avait, dans le projet, oublié le
terrain sur lequel on veut édifier. — Pas possible ! — Très-pos-
sible. — Demandez plutôt au prévoyant rapporteur de l'affaire.
Ajoutons donc au devis : cinq petits sacs de 1,000 fr., et nous
aurons un total de 135,000 fr. *pour commencer.* C'est un peu cher
pour des gens qui sont sans le sou et qui ont tant de besoins
pressants.

Vous croyez peut-être qu'il y a quelque malice dans les mots
pour commencer, que je répète encore ; mais pas du tout ; ce
n'est qu'un avertissement que je vous donne, et que vous com-
prendrez de reste.—Cela veut dire tout bonnement que, comme,
de mémoire d'homme, on n'a jamais vu un devis suffisant ; qu'il
a toujours fallu des crédits *supplémentaires*, plus des crédits
extraordinaires, plus des emprunts et des suppléments d'emprunts, il est certain que les 135,000 fr. ne suffiront pas.

Notez bien qu'indépendamment de cette prévision ordinaire
basée sur l'expérience de tous les temps, de tous les construc-
teurs, il y a pour Fontainebleau une chance particulière d'AUG-
MENTATION INÉVITABLE. C'est que le lieu où l'on veut bâtir le

monument est loin de l'eau indispensable pour laver les abattoirs, et plus loin encore d'une rivière ou d'un ruisseau qui puisse entraîner toutes les eaux sales et infectes résultant du lavage des panses, des intestins et des échaudoirs ; d'où il suit qu'il faudra plus tard construire encore UN AQUEDUC pour faire arriver l'eau propre à l'abattoir, et un ÉGOUT COUVERT pour conduire au loin celles qui en sortiront chargées de miasmes putrides. Cela entre-t-il au devis? pas du tout. — On va créer, quoi? Devinez, la chose est nouvelle et curieuse ; on va créer des PUITS D'ABSORPTION, c'est-à-dire de nouveaux et permanents foyers d'infection.

Avis aux bouchers, qui verront crever leurs animaux vivants et se gâter les animaux abattus. — Avis au quartier des Suisses, qui jouira de ce voisinage, indépendamment de celui de la fonderie de suif actuelle et de celle qui sera ajoutée à l'abattoir. — Les habitants peuvent aussi dire adieu à leurs jardins pour une grande partie du printemps, pour tout l'été, pour une partie de l'automne.

Un mot, en passant, sur cette fonderie ; cela en vaut la peine, mes chers concitoyens. Vous pouvez juger, par les émanations infectes que vous recevez d'une *fabrique* de chandelles, de ce qui vous arriverait d'une fonderie de suif, établissement incommode au premier chef. — Si du moins il résultait de cette nouvelle servitude que l'ancienne sera supprimée, on pourrait en prendre son parti, mais l'une n'empêcherait pas l'autre. Les personnes qui se flattent de l'espérance de voir disparaître la fabrique de chandelles sont dans l'erreur. Elle existait avant le décret du 15 octobre 1810, et ne peut conséquemment être supprimée sans le consentement du propriétaire. On pourra sans doute astreindre celui-ci à des mesures de précaution qui diminueraient de beaucoup l'inconvénient d'un tel voisinage ; mais ce qu'on peut faire dans ce but est indépendant de la création d'un abattoir dans le même quartier.

Si je ne craignais de me constituer le don Quichotte des nez de Fontainebleau, je dirais bien, aux habitants du quartier des Suisses, comment il faut s'y prendre pour obtenir une satisfaction. Je le dirais d'autant plus volontiers que j'en ai fait une épreuve qui a parfaitement réussi, pour un autre établissement incommode dont l'existence est maintenant à peine aperçue.

Voici le fait :

Lorsque je me plaignis, en 1845 et 46, d'une fumée qui, par certains vents, rendait ma maison inhabitable, les docteurs du conseil municipal me répondirent que rien ne pouvait empêcher les maisons voisines de souffrir de cette fumée. On ne voulut rien tenter. Je fis alors de cette affaire un examen attentif. Je communiquai au propriétaire de l'usine mes moyens de contrainte ; il consulta et se rendit à mes observations. — La cheminée de sa plâtrerie fut élevée à 15 mètres, comme le veulent les règlements, et, depuis lors, je ne souffre plus, personne ne souffre de cette fumée, et les plafonds, jadis noirs, sont, après six ans, aussi blancs que lorsqu'ils ont été remis à neuf ; et, point capital, les ouvriers de la plâtrerie, autrefois asphyxiés par la fumée sortant à flots d'une fournaise ardente sans tirage, sont affranchis de ce malheur et m'ont souvent témoigné leur reconnaissance.—Voilà donc un fait accompli que tout le monde peut vérifier et qui répond aux allégations et à l'incurie de l'administration.

Remarquez cependant la conduite de cette autorité paternelle.

Se plaint-on d'une fumée et d'une odeur incommode, elle répond : je ne saurais qu'y faire, et elle ne fait rien, sous prétexte que l'établissement est ancien ; se plaint-on d'un autre côté d'un établissement nouveau qui infecterait une autre partie de la ville, on répond, sans examen préalable, sans expérience, qu'il était aisé de faire : *l'odeur ne viendra pas jusqu'à vous*, sans s'occuper de l'opposition des propriétaires, et sans cette énergique opposition, le parfum municipal AURAIT AUJOURD'HUI son dépôt au polygone du Puits-Cormier ; d'où il faut tirer cette conséquence, que les citoyens ne doivent rien attendre que d'eux-mêmes et de l'administration supérieure, juste appréciatrice des droits de tous, et des petits intérêts locaux qui nous privent d'une bonne justice, sans laquelle la propriété perd de sa sécurité, et d'une bonne police, sans laquelle l'air respirable perd sa salubrité.

Vous le voyez, mes chers concitoyens, toutes les questions se lient ; pardonnez-moi cette digression, et revenons à l'abattoir. Nous avons vu ce qu'il faut croire des dépenses ; un mot maintenant sur les produits et sur les moyens financiers.

On nous leurre de l'espérance d'un revenu de 12,000 fr., et l'on dit qu'avec ce revenu on fera face au paiement des intérêts, au remboursement du capital emprunté. Il y aura de plus à payer un régisseur, un contrôleur, un concierge, des réparations considérables, le curage des puits d'absorption, etc., etc., sans compter l'imprévu.

Et dans quelles circonstances fait-on un si étrange projet ? Dans un moment où de toutes parts on demande la suppression du monopole de la boucherie, et la liberté entière de cette industrie, comme moyen de diminuer le prix de la viande ! — Si les marchands forains, affranchis du paiement du droit d'abattoir, alimentent le marché à des prix réduits, comment les bouchers établis paieront-ils les droits d'abattage, unis à leurs autres charges? Pourront-ils supporter cette concurrence? On ne veut probablement pas leur ruine; eh bien, pour ne pas la consommer, il faudra taxer leur viande plus chère, et alors ce seront les habitants qui paieront.... Mais je me trompe, si, tout en taxant plus cher, on laisse arriver les bouchers forains (ce que l'on ne peut empêcher), les bouchers établis ne vendront plus, ils tomberont et l'abattoir aussi (1). — Que dites-vous, mes chers concitoyens, de cette conception au rebours du bon sens? — N'est-il pas évident que cette malheureuse idée nous conduit inévitablement à une augmentation de la viande de boucherie, en supposant que l'opération réussisse; et qu'en cas d'insuccès, nous marchons à l'impossibilité de rembourser un énorme emprunt (2).

J'entends une objection sérieuse et j'y réponds de suite :

On dit: l'expérience a démontré depuis longtemps que les abattoirs sont partout plus productifs que dispendieux; pourquoi en serait-il autrement à Fontainebleau?

Pourquoi? La raison est bien simple. D'abord parce que les premiers établissements ont été fondés avant 1848, dans un temps où toutes les villes avaient des fonds en caisse ou du crédit à 3 1/2 et 4 pour 100; ensuite parce que la ville de Fontainebleau ne se trouve pas dans les mêmes conditions de succès que les autres villes, sous plusieurs rapports.

Ainsi, à Paris, à Orléans, à Sens, à Melun, les abattoirs ont été édifiés sur des points où ils pouvaient avoir des eaux abondantes, avec des déchargeoires dans la Seine, dans la Loire, dans l'Yonne; à Fontainebleau, il y a impossibilité absolue de trouver une rivière vers le point choisi, à moins d'aller infecter encore le parc du palais, pour verser les eaux de l'abattoir dans le ruisseau de Changis, ce qui serait pernicieux pour les nombreux lavoirs établis sur ce petit cours d'eau.

Quand bien même on se déciderait à faire la dépense d'un égout qui devrait traverser la plaine, sous la route de Melun et

(1) On dit que le droit sera si modéré, que la viande n'en sera pas augmentée. On le dit; où est la preuve de cette allégation? On n'est point avare de belles promesses quand on veut obtenir; mais quelles garanties donnera-t-on contre les déceptions?

(2) « Cela ne coûtera rien à la ville, dit le citoyen maire; la dépense « se fera par souscription, et je donnerai l'exemple. » Quelle hâblerie! — La télémoigraphie, dite patronale, ne devait rien coûter non plus, et nous en sommes cependant pour un millier d'écus.

celle de Valvins , il est douteux qu'on trouvât assez de pente depuis l'abattoir jusqu'au parc du château , pour que les eaux chargées de matières animales pussent s'écouler dans le ruisseau de Changis. — Je dis douteux , je devrais dire impossible. Une autre chose également douteuse , c'est que le gouvernement consente à laisser ajouter une cause d'infection à celles déjà si fâcheuses que supporte le parc du château.

Indépendamment de ces circonstances locales qui tiennent à la disposition du sol, il en est une qui tient à la population de Fontainebleau , qui ne ressemble en rien à celle des villes ci-dessus citées. Ces villes éprouvent peu de mouvement d'habitants, tandis que Fontainebleau reçoit une population qui se renouvelle sans cesse , et une population militaire qui peut changer d'un jour à l'autre ; ce qui rend très-problématique le succès d'une opération fondée sur la consommation et sur les revenus de l'octroi.

Il est assurément fâcheux que les bouchers, les charcutiers de Fontainebleau aient contracté l'habitude de saigner, d'assommer, de bâtonner les bestiaux dans l'intérieur de la ville ; une bonne police y aurait mis ordre depuis longtemps, de même qu'elle aurait fait disparaître ces civières hideuses sur lesquelles on expose des têtes, des portions de têtes, des mous sanglants, et autres objets qui soulèvent le cœur des passants. Une bonne police aurait pu interdire les abattoirs particuliers, mal disposés ou dangereux ; chaque boucher ou charcutier aurait eu le sien dans un lieu isolé, ou bien ils se seraient entendus pour que plusieurs pussent abattre au même lieu ; cela aurait évité les accidents, la mauvaise odeur, et satisfait tous les intérêts.

On conçoit aisément qu'alors la ville n'aurait point eu à courir les chances d'une entreprise aussi aventureuse que celle qu'on lui prépare, et qui effraie tout le monde, excepté ceux dont elle fait les affaires aux dépens des habitants. Mais, dit-on, la surveillance serait plus difficile. — La surveillance de quoi? L'octroi une fois payé, il n'y a plus rien à surveiller que le débit ; or, qu'il y ait ou qu'il n'y ait pas d'abattoir, le débit devra toujours être surveillé quant à la qualité de la viande, quant au prix, quant aux poids et balances. Les bouchers et les charcutiers ayant des tueries particulières seraient, en un mot, dans la même situation que les forains qui tuent hors barrière.

Il suit de ce qu'on vient de lire que l'établissement de l'abattoir de Fontainebleau présente des chances très-fâcheuses, et qu'on ne saurait trop provoquer un examen qui n'a point été fait avec assez d'attention des dangers et des inconvénients qui sautent aux yeux, et qui ne tarderaient point à se manifester, au grand préjudice de la caisse communale, non-seulement vide, mais considérablement endettée.

Les circonstances critiques dans lesquelles se trouve le pays, qui rendent si timides les intérêts industriels et qui avilissent les propriétés, amoindrissent les revenus, permettent-elles, d'ailleurs, aux villes, sans autres ressources que leurs centimes additionnels et leurs octrois, de faire des entreprises aussi onéreuses et aussi incertaines ? Assurément, non.— La plus simple prudence les interdirait. C'est donc un événement heureux que l'autorité supérieure ait suspendu les effets du zèle inconsidéré de l'administration locale. Rendons-lui grâce de sa prévoyance, et sachons l'imiter si nous ne voulons pas courir après des déceptions et nous exposer à des regrets et à des catastrophes financières.

Je prévois une réponse qu'on fait à tout propos : le projet est *dans l'intérêt de la classe ouvrière.*— Alors, soyez conséquents ; faites, défaites, refaites, dépensez 200,000, 500,000 fr. ; nous verrons ensuite si, quand la ville ruinée sera obligée, pour faire honneur à ses engagements, d'augmenter les droits d'octroi déjà si lourds ; quand elle chassera ainsi ses habitants aisés, qui lui sont presque tous étrangers et qui trouvent déjà que la vie est ici plus chère qu'à Paris, — nous verrons, dis-je, si les classes ouvrières ne maudiront pas ces opérations aventureuses qui préparent la décadence des cités aussi bien que celle des particuliers.

L'intérêt bien entendu des ouvriers est dans les dépenses de constructions des propriétaires, qui se répartissent naturellement entre tous, et non dans certains monopoles, qui causent plus d'irritation que de profit. Au lieu de vous ruiner à faire de folles entreprises, attirez les étrangers par des constructions sanitaires bien entendues, par des égouts, des bornes-fontaines, des lavoirs, par des approvisionnements suffisants et réguliers, par des droits modérés, et vous verrez les classes ouvrières bénir une telle administration, et vous reconnaîtrez que ces classes peuvent se passer parfaitement du concours des centimes municipaux, qui, en définitive, sortent de leurs épargnes comme des nôtres.

Je reconnais volontiers qu'il serait intéressant pour la ville d'avoir un abattoir. Là n'est pas la question, elle est ailleurs ; la voici : *peut-on payer ce qu'il en coûtera ?* et, quand on l'aurait payé, aurait-on un abattoir dans des conditions de succès ?

Eh bien ! non ; il m'est parfaitement démontré que non, si l'on persiste à bâtir dans l'enclos de la Chambre, en avant de la barrière de Melun.

Un abattoir n'est pas un objet de luxe ; il ne doit être établi ni pour assouvir les glorioles étroites d'un maire, ni pour favoriser tel ou tel entrepreneur, ni pour fournir des honoraires à tel ou tel architecte, sans se donner même la peine de mettre le projet au concours, comme cela se pratique ailleurs. — Ce doit être un objet d'intérêt public, et si un tel établissement exige de la part des bouchers, des charcutiers, le sacrifice d'une partie de leur propriété, comme il exige évidemment celui d'une partie de leur liberté, il convient, dit M. Bost, de s'assurer *qu'un tel sacrifice est commandé par des motifs graves et impérieux.*

Cet auteur, qui, par sa position au ministère de l'intérieur, est bien placé pour connaître les considérations qui portent l'autorité supérieure à accorder ou à refuser l'autorisation de construire des abattoirs, fait encore cette réflexion, que je recommande spécialement aux personnes chargées de donner un *avis raisonné.* Je copie, p. 277, ce qui suit : « Il est nécessaire que « la délibération du conseil municipal *contienne des renseigne-* « *ments positifs sur la population,* sur le nombre des bouchers « et charcutiers en exercice, sur celui des tueries ou échaudoirs « particuliers , sur la quantité des bestiaux de chaque espèce « abattus annuellement. Il faut encore que le vote du conseil, « BIEN MOTIVÉ *à cet égard , soit accompagné d'une enquête de* « *commodo et incommodo,* conformément au décret du 15 octo- « bre 1810 sur les établissements insalubres. »

Ces mots, *bien motivé,* ne s'appliquent certainement pas à l'énumération des établissements existants ; mais à leurs *inconvénients ; aux accidents qui s'y sont produits ; aux odeurs qu'ils répandent, aux plaintes qu'ils ont soulevées ;* voilà ce qui constitue les MOTIFS GRAVES ET IMPÉRIEUX dont parle cet auteur.

Quant à l'enquête de *commodo,* il faut qu'elle contienne la déduction des motifs déterminants ; et comment cela pourrait-il être, si les citoyens appelés n'allaient pas voir les plans, les devis , l'aperçu des dépenses, l'indication des voies et moyens? Or, est-ce ainsi que la première enquête a été faite? Assurément, non ; elle n'a été qu'une enquête simulée ; et l'administration supérieure a eu mille fois raison d'en demander une autre.

Il sortira probablement de cette seconde épreuve que les habitants ne trouvent pas que les avantages résultant de l'établissement soient en rapport avec les charges énormes qu'il imposerait à la ville, et avec les sacrifices que devraient supporter les industriels dont l'abattoir modifierait notablement la position.

Cependant, si contre mon opinion, qui peut-être combattue et repoussée, l'enquête *faite sérieusement* se prononçait pour l'établissement de l'abattoir, il faudrait aviser aux moyens d'en assurer le succès.

Il y en aurait peut-être un : de réunir les deux conditions sans lesquelles ce succès paraît impossible, savoir :

L'arrivée de l'eau propre ;

L'expulsion de l'eau sale.

Mais il y a une objection grave qu'il faut apprécier.

La dépense pourrait alors être plus considérable encore, car il faudrait amener les eaux d'assez loin.

Mais aussi, par compensation, on pourrait trouver une large indemnité dans la quantité d'eau dont on doterait la ville de Fontainebleau. Ce serait là une de ces entreprises qui honorent à jamais une administration, et qui ajouteraient aux attraits d'une résidence déjà recherchée par les étrangers.

Ce moyen consisterait à amener les eaux de la Madeleine sur le terrain qui est près de la porte du parc, vis-à-vis l'usine à gaz.

On voit, au premier coup-d'œil, que de cette hauteur au bas du vallon de Changis, il y aurait une pente très-favorable pour écouler les eaux sortant de l'abattoir. Ce n'est pas là le seul avantage de cette position ; elle nous garantirait non-seulement des puits d'absorption, mais encore des émanations de la fonderie de suif attachée à l'abattoir.

Le chemin de fer de Paris à Lyon peut, à la vérité, être considéré comme un obstacle au passage des tuyaux qui devraient conduire les eaux aux abattoirs, mais cet obstacle n'est pas insurmontable ; les tuyaux, qui suivraient la route de Valvins jusqu'au pont, traverseraient la voie ferrée le long du pont sur sa gauche, en venant de la Madeleine, et pénétreraient aisément ensuite à leur destination. D'un autre côté, le plus grand nombre des bestiaux à abattre venant de Montereau, ils seraient plus à portée de l'abattoir. Ceux qui arriveraient par la route de Nemours ou de Moret, y seraient dirigés sans traverser la ville ; ce qui ferait compensation avec l'éloignement un peu plus grand de la demeure des bouchers.

Ce que je dis là n'est pas le résultat d'une étude approfondie. La chose est possible. — Beaucoup d'eau de la Madeleine est perdue ; il serait heureux de l'utiliser pour des lavoirs ou des bornes-fontaines. Cela suffit pour qu'on doive l'examiner ; et si les dépenses excédaient les ressources de la ville et les produits des concessions d'eau, il faudrait nécessairement renoncer à l'abattoir.

Pour étudier ce projet, il y aurait donc une première chose à faire, rechercher à quel prix on pourrait amener les eaux de la Madeleine. — Il faudrait ensuite apprécier quelle quantité de ces eaux pourrait utiliser la ville, soit en les consacrant à l'établissement de bornes-fontaines et de lavoirs, soit en soustraitant avec les propriétaires, pour leur distribuer ces eaux d'une bien meilleure qualité que celle des puits, tant pour le goût que pour les bains, le blanchissage et l'arrosage; il faudrait, enfin, demander au chemin de fer s'il en achèterait une certaine portion.

On ne sait pas assez, dans nos contrées, tout le parti qu'on peut tirer des eaux d'une bonne qualité. Si ceux qui se récrient sur les difficultés, sur les dépenses, avaient la moindre idée des opérations effectuées dans d'autres contrées, ils voudraient concourir de tous leurs moyens à l'exécution d'une si belle entreprise.

Concluons de tout ceci, que si le projet arrêté est sérieusement examiné, on reconnaîtra que le plan en est mal calculé, mal digéré, insuffisant quant à l'étendue; qu'il est sinon impraticable, du moins d'une exécution fort problématique et fort coûteuse en ce qui touche l'arrivée et le départ des eaux; car il faudra un aqueduc souterrain, sous peine d'infecter un des plus beaux quartiers de la ville et, ce qui n'est pas à dédaigner, l'une des plus belles promenades de la forêt; chose qui donnerait lieu à beaucoup de regrets dans un avenir assez prochain de nous. — Que si aucune des raisons données ci-dessus ne peut ébranler les résolutions de l'autorité locale, habituée à ne tenir aucun compte des observations des habitants, il faut espérer que l'autorité supérieure fera du moins examiner ce que les appréhensions exprimées par les personnes les plus compétentes en cette matière, ont de juste et de décisif. — Nous devons d'autant moins en douter, que déjà elle est entrée dans cette voie rassurante et qu'elle vient de satisfaire une partie de nos vœux en arrêtant la fougue d'une administration qui ne nous offre aucune garantie de sagesse ou d'expérience.

Je sais très-bien *que cela déplairait fort à certains personnages* qui rêvent des bénéfices, des honoraires, des emplois et de la gloire surtout — c'est se contenter de peu. — Mais je sais aussi que d'autres, qui ne voient dans de tels projets que la chance d'en payer les frais de construction, d'administration d'entretien, et *les dépenses imprévues*, se disposent à refuser leur assentiment. Elles feront bien de parler haut dans un temps où nous vivons sous l'adage : *Qui ne dit mot, consent.* — Il s'en est peu fallu que notre indifférence nous coûtât 135 et quelques mille francs. Ne nous y laissons plus prendre une seconde fois, ou résignons-nous à tendre le dos et à livrer notre bourse.

En homme conciliant qui ne veut ôter le pain de personne, mais qui tient à conserver le sien et celui de beaucoup d'autres, je terminerai par une proposition qui entraînerait moins de dépense et qui nous délivrerait de la mauvaise odeur que répandent les eaux sorties des tueries particulières. Ce serait de créer des bornes-fontaines. — S'il est un lieu infect à Fontainebleau, c'est la Grande Rue, depuis la place de Ferrare jusqu'à l'Étape aux vins, et surtout jusqu'à la mairie. Cette infection, occasionée par le marché au poisson et par la stagnation des eaux croupissantes des ruisseaux, est un objet de surprise et de dégoût pour tout le monde. C'est donc l'objet d'assainissement le plus urgent pour cette partie populeuse de la ville, pour le palais, où se jettent les égouts; et surtout pour le parc, si gravement infecté quand les eaux n'y coulent pas avec une certaine abondance. — C'est l'assainissement le plus désiré, le plus demandé; pourquoi n'y pourvoirait-on pas immédiatement? Ce serait un excellent moyen de relever un peu l'industrie des carriers, des tailleurs de pierres, qui vaut bien les autres, quoiqu'elle ne soit pas représentée au conseil municipal.

AMENDE HONORABLE.

L'an 1851, le 10 juin, le soussigné, infiniment repentant de diverses erreurs publiées par lui, dans les contestations qu'il doit à la paternelle bienveillance du citoyen maire de Fontainebleau, voulant réparer, autant qu'il est en lui, le tort qu'il peut avoir fait à la réputation de capacité, de prudence et d'impartialité du susdit, déclare, *non pas la corde au cou et le cierge à la main*, comme cela se pratiquait autrefois, mais spontanément, sans aucune contrainte, en homme libre, enfin, sa plume à la main, et ce, devant l'écriteau mural portant le grand nom du susdit, qu'éclairé d'une vive lumière, par la résolution qu'a prise le susdit de changer l'emplacement de l'abattoir, et probablement, *in petto*, celle d'y renoncer irrévocablement, — le soussigné doit reconnaître : 1° qu'il a eu tort de supposer, de dire et d'imprimer que le susdit est doué d'une obstination insurmontable; *qu'il croit définitivement à sa mobilité administrative,* ce qui lui fait espérer que la décision à prendre sur le dépôt de parfum participera de cette qualité, dont le susdit vient de donner une nouvelle preuve éclatante.

Et, pour que la réparation soit complète, et comprenne tous les méfaits de sa plume trop acérée, le soussigné déclare de plus : 2° qu'il a eu tort de supposer, d'écrire ou d'imprimer que la rue de France est une rue ; que si la rue de France est une rue, ceux, dont les propriétés la bordent, sont obligés à paver les revers, comme ceux des autres rues, fussent-ils maires ou conseillers municipaux.

3° De plus, que le soussigné a eu tort de ne pas faire ce que le citoyen maire et un conseiller municipal, son voisin, ne faisaient pas en 1849, et *n'ont pas encore fait*, tout en proclamant que les autres propriétaires soient obligés de le faire.

4° Et de plus, que le soussigné a eu le tort de ne pas se laisser condamner à faire ledit pavage, qui ne devait pas lui coûter plus de 15 ou 1,800 fr., et qui ne coûterait rien à la ville, puisqu'il est parfaitement inutile.

5° Et de plus, que le soussigné a eu tort de s'opposer à la translation du dépôt des vidanges, puisque ce dépôt n'étant incommode pour aucun de ses voisins, dans le quartier du nord, ne saurait l'être pour le quartier du midi ; qu'il a eu tort surtout de dire, d'écrire, d'imprimer qu'une enquête, faite après le délai prescrit par la loi, est nulle, et qu'elle est plutôt le produit de la complaisance que de la conviction ; en ce que les témoins, jusqu'alors silencieux, se sont éveillés en sursaut, pour déposer qu'ils approuvaient la translation, par ce motif que le dépôt actuel, qui n'est incommode pour aucun propriétaire voisin, l'est prodigieusement pour les flâneurs. qui, comme on sait, affectionnent la promenade dite la route de Valvins, malgré l'odeur en question et la plus épouvantable poussière.

6° Et de plus, que le soussigné a eu le plus grand tort de prendre au sérieux cette facétie municipale, qui n'était évidemment *qu'un essai ;* qu'il ne devait pas attacher plus d'importance à *la location du Polygone*, que le citoyen maire n'en a *attaché à l'acquisition du terrain* pour la construction de l'abattoir, acquisition qui n'était probablement aussi *qu'un essai*, qu'un moyen de sonder l'opinion publique, ainsi que le prouve la nouvelle décision ; si toutefois elle n'est pas rapportée.

Et, 7°, dans la ferme conviction, où est maintenant le soussigné, que le citoyen maire reviendra sur son projet de forcer à paver, *puisqu'il ne pave pas*, de transporter les parfums, puisqu'ils n'incommodent personne (sauf les flâneurs), ainsi que l'ont déclaré le citoyen maire, M. l'adjoint commissaire de l'enquête, et le conseil municipal, *à l'unanimité.*

LE SOUSSIGNÉ RÉTRACTE TOUT CE QU'IL A DIT, ÉCRIT ET IMPRIMÉ SUR CE PROJET.

A moins que, par suite d'un retour à l'obstination supposée, le citoyen maire, qui a changé de résolution deux fois sur le chemin de Milly, deux ou trois fois sur l'emplacement d'une statue et sur celui d'un abattoir, ne persiste dans ses décisions sur le pavage et sur les vidanges ; auquel cas, le soussigné se réserve expressément de dire, écrire, imprimer tout ce que lui et ses co-opposants jugeront utile à la manifestation de la vérité et à l'administration d'une bonne justice distributive.

En foi de quoi, le présent a été signée en encre indélébile.

BOYARD,

Président honoraire de la cour d'Orléans,
propriétaire à Fontainebleau.

NOTA. L'enquête est annoncée ; on peut y déposer dès à présent. Car la loi qui prescrit l'affiche et le délai de trente jours, dit aussi : *Dans ce délai, tout particulier sera admis à présenter ses moyens d'opposition.*

Ce qui s'applique au délai d'*un mois* et non à celui de dix jours qu'il a plu à M. le maire d'indiquer au préjudice du droit des habitants. Je fais observer aussi que s'il y a de rares affiches dans le quartier des Suisses, il n'y en a aucune dans les autres quartiers ; et cependant il s'agit ici d'une question d'intérêt général, puisque la dépense serait payée par tout le monde, et que nul d'entre nous ne sait s'il n'aura pas un jour à se repentir de sa négligence, ou même à se plaindre de l'établissement, par suite de succession, donation, testament, ou autres moyens d'acquérir la propriété.

Il semblerait, en vérité, en voyant les procédés municipaux du citoyen Guérin, que nous lui ayons donné le droit arbitraire de puiser dans nos bourses, et que, comme certains pachas à trois queues, sa volonté soit ici la loi des lois.

De ce qu'on a reproché à la mairie, dans la question des parfums du Puits-Cormier, de n'avoir pas affiché son enquête dans le quartier intéressé à repousser son projet, il ne s'ensuit pas qu'il suffit d'afficher son nouveau projet dans le seul quartier qu'il menace, quant à la mauvaise odeur que répandraient les puits d'absorption et la fonderie de suif; il faut, puisqu'il menace la bourse de chaque habitant, que tous les habitants soient avertis. C'est une des considérations qui m'ont mis la plume à la main, et qui me déterminent à publier ce supplément à l'affiche. Il serait malheureux que l'éteignoir l'emportât encore sur la lumière, quand la loi, l'honneur, la délicatesse, veulent qu'elle soit partout en matière administrative.

www.ingramcontent.com/pod-product-compliance
Lightning Source LLC
Chambersburg PA
CBHW061813040426
42447CB00011B/2619